Made in the USA
Las Vegas, NV
12 July 2023

74567341R00068